ISSN - 0981-8081
ISBN - 2-217-26013-8
© Gautier-Languereau, 1986
Dépôt légal : Mai 1991 - N. d'Éditeur : 6012/03
Imprimé en Italie.

ILLUSTRATIONS DE MYRIAM DERU
HISTOIRE DE PAULE ALEN

Un Anniversaire Surprise

A Birthday Surprise

Gautier-Languereau

Ce livre, bilingue, raconte l'amusante aventure d'un chaton. C'est le premier d'une nouvelle série conçue pour aider les très jeunes enfants à acquérir un vocabulaire de base dans une langue étrangère. Les phrases courtes, imprimées en deux colonnes, l'une en français, l'autre en anglais, sont placées sous une grande illustration. Les mêmes mots dans les deux langues se retrouvent ligne à ligne. En vis-à-vis, sur la page de gauche, un lexique en images donne la traduction des mots essentiels évoqués dans le dessin.

De présentation attrayante, ce livre donnera envie d'en savoir davantage aux enfants qui apprennent à lire.

L'ÉDITEUR

Pour Eric et Suzanne

6

Here is an amusing bilingual story of a little kitten.
This picture book is the first in a new series specially conceived to give young children a basic vocabulary in a foreign language. The short easy-to-read sentences printed in separate columns, one in French, the other in English, are placed under a large illustration. The same words in both languages appear opposite one another on the same level. On the left hand page is a series of small images reproducing subjects to be found in the illustration with the corresponding words in both languages. Attractively presented, this book appeals to the young child learning to read.

THE PUBLISHER

7

Caroline la petite chatte

Caroline the kitten

maison

house

fleur

flower

boîte aux lettres

letter box

cartes d'anniversaire

birthday cards

deux pigeons

two pigeons

Caroline est une petite chatte.
Elle vit dans une belle maison.
Elle ouvre la boîte aux lettres.
Quelle surprise !
Il y a cinq cartes d'anniversaire.
— Je suis si contente !

Caroline is a kitten.
She lives in a beautiful house.
She opens the letter box.
What a surprise !
There are five birthday cards.
— I am so happy !

9

table — — table

lait — — milk

cerises — — cherries

fraises — — strawberries

pain — — bread

panier — — basket

Caroline va dans la cuisine.
Elle prend du lait dans le réfrigérateur.
— Je veux aussi des fruits,
et du pain pour les sandwiches.
Elle pose tout sur la table.
— Où est le sel ?

Caroline goes into the kitchen.
She takes milk from the icebox.
— I want some fruit and
bread for the sandwiches, too.
She puts everything on the table.
— Where is the salt ?

11

route — road

voiture — car

Guillaume l'ourson — William the bear cub

deux amis — two friends

nuages — clouds

clôture — fence

arbre — tree

Caroline descend la route
avec son panier.
Voilà son ami l'ourson
dans sa voiture.
— Faisons un pique-nique, Guillaume !
C'est mon anniversaire !

Caroline goes down the road
with her basket.
There is her friend the bear cub
in his car.
— Let us have a picnic, William !
It is my birthday !

13

capot  bonnet

roue  wheel

pomme  apple

clef  wrench

bol  bowl

— Est-ce un bon endroit ?
— Peut-être, mais nous avons
des ennuis de moteur.
— Peux-tu les réparer ?
— Je vais essayer.
Caroline prépare tout de même
le déjeuner.

— Is this a good place ?
— Maybe, but we have
engine trouble.
— Can you fix it ?
— I will try.
Caroline prepares the lunch
anyway.

15

herbe — grass

pâquerette — daisy

poissons rouges — goldfish

tomates — tomatoes

banane — banana

étang — pond

— Quel bon pique-nique !
Allons nous baigner,
l'eau est bonne !
— La voiture est-elle réparée ?
— Non, et il est tard.

— What a good picnic !
Let us go for a swim,
the water is fine.
— Is the car fixed ?
— No, and it is late.

17

château  castle

grille  iron gate

lierre ivy

cailloux pebbles

étoiles stars

buissons bushes

18

51

Le soleil se couche,
il commence à faire nuit.
La lune se lève.
— Je suis fatiguée, Guillaume.
Allons au château,
il y a une lumière à la fenêtre.

The sun sets.
It is getting dark.
The moon comes out.
— I am tired, William !
Let us go to the castle,
there is a light in the window.

19

cheminée

fire-place

tête de sanglier

boar's head

pendule

clock

poutres

beams

portrait

portrait

fantômes

ghosts

Guillaume l'ourson frappe à la porte.
— Que voulez-vous ?
Guillaume explique ce qui est arrivé.
Caroline regarde autour d'elle.
— Vous pouvez passer la nuit ici.
Venez avec moi.

William the bear cub knocks at the door.
— What do you want ?
William explains what happened.
Caroline looks around her.
— You can spend the night here.
Come with me.

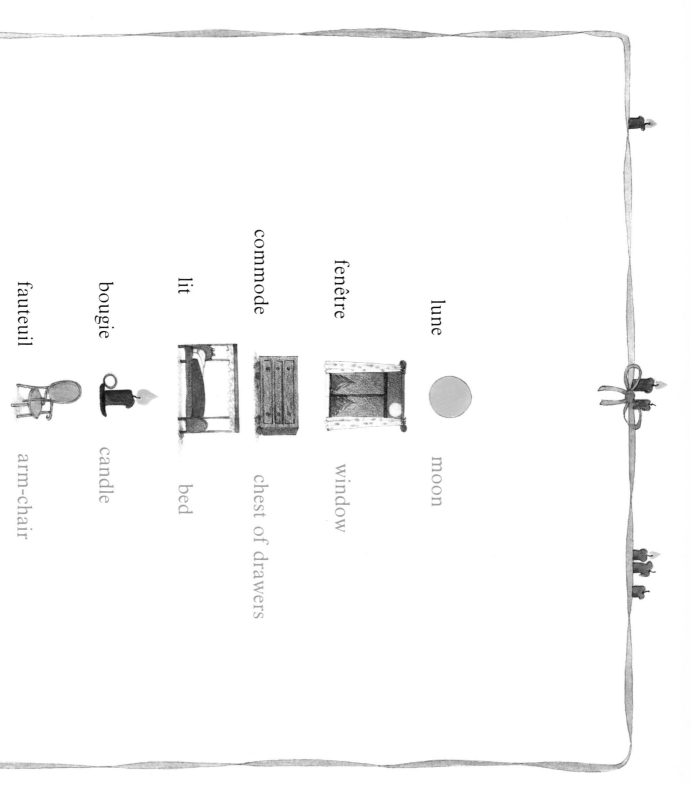

fauteuil

bougie

lit

commode

fenêtre

lune

arm-chair

candle

bed

chest of drawers

window

moon

22

Caroline a une chambre pour elle seule.
Quelle est cette ombre sous le lit ?
Un fantôme ?
Il y a peut-être un monstre
caché sous la commode...
— J'ai peur !

Caroline has a room of her own.
What is that shadow under the bed ?
A ghost ?
Perhaps there is a monster
hiding under the chest of drawers...
— I am scared !

23

porte door

couteau knife

chouette  owl

bois de cerf 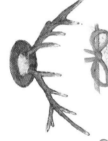 deer's antlers

potiche vase

ombre  shadow

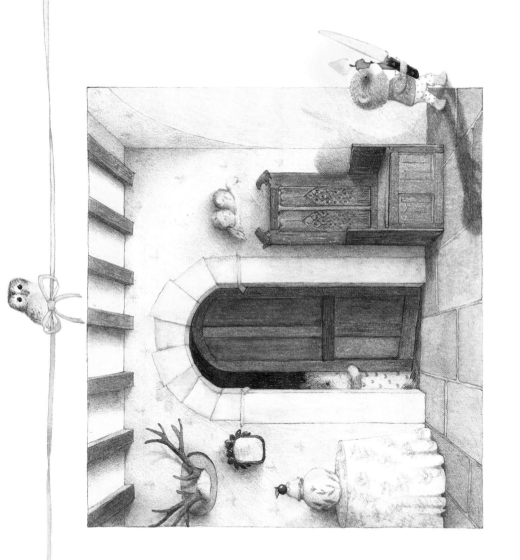

Quelqu'un frappe à la porte.
Caroline entrouvre et jette
un coup d'œil.
Elle voit une ombre immense
tenant un couteau...
— Que dois-je faire ?

Someone knocks at the door.
Caroline opens a crack and
peeps out.
She sees a huge shadow
holding a knife...
— What should I do ?

miroir

mirror

vase

urn

tapis

rug

applique

candle-holder

rose

rose

Le couloir est vide.
Caroline prend une bougie.
Elle tremble, mais elle doit trouver Guillaume.
De la lumière vient par une porte ouverte.
C'est peut-être la chambre de l'ourson.

The corridor is empty.
Caroline takes a candle.
She trembles but she must find William.
Light comes from an open door.
Perhaps it is the bear cub's room.

27

gâteau d'anniversaire  birthday cake

cinq bougies  five candles

cadeaux  presents

banc  bench

poignée de porte door knob

tableau painting

Joyeux anniversaire, Caroline !
Par la porte ouverte, elle voit
un gros gâteau d'anniversaire.
Guillaume et tous ses amis sont là.
Quelle merveilleuse surprise !

— Happy birthday, Caroline !
Through the open door she sees
a big birthday cake.
William and all her friends are there.
What a wonderful surprise !